Getränke aus aller Welt - Cocktails mit und ohne Alkohol, zusätzliche Bonus-Rezepte aus dem Mixer

Von Dana Knechter

I

Getränke aus aller Welt

Cocktails mit und ohne Alkohol
zusätzliche Bonus-Rezepte aus dem Mixer

von

Dana Knechter

Impressum

Jegliche Vervielfältigung ohne Zustimmung des Autors ist verboten und wird strafrechtlich verfolgt.

Impressum:
Rechteinhaber
Schildknecht und Sieben UG

Kontakt: danaknechter@web.de
Bildquellen: Pixabay

© 2019 Dana Knechter

Herstellung und Verlag: BoD – Books on Demand, Norderstedt

ISBN: 9783749483006

Inhaltsverzeichnis

Vorwort

An alle experimentierfreudigen Genießer

In diesem Buch „Getränke aus aller Welt" finden Sie im 1. Kapitel die beliebtesten Cocktail-Rezepte mit Alkohol, die Sie schnell in der heimischen Bar nach mixen können. Für jeden Geschmack finden Sie alphabetisch sortierte Cocktail-Rezepte. Wie zum Beispiel die bekannten Klassiker wie Apple Martini, Bloody Mary, Caipirinha (Pitú), Fluch der Karibik, Jack the Ripper, Jägermeister-Eistee, Kuemmerling Kick, Margarita, Pina Colada, Tequila Sunrise, Wodka Red Bull und viele andere.

Jede Party braucht auch immer die richtigen Getränke! Mit dieser Sammlung von Getränken aus aller Welt werden Ihnen die Ideen niemals ausgehen.

Die Auswahl in diesem Buch ist einfach riesig! Freuen Sie sich auf Cocktail- und Longdrinkklassiker. Mit unseren Rezepten kommt Abwechslung in die heimische Cocktailbar.

Dieses Buch bietet eine umfangreiche Sammlung verlockender Cocktailrezepte, die vielen Abbildungen helfen bei der Wahl der Cocktails. Die Bilder können Abweichungen haben, es kommt auf die Zubereitung und die Dekoration an.

Im 2. Kapitel des Buches finden Sie Rezepte ohne Alkohol. Diese alkoholfreien Cocktails für jeden Anlass werden Sie begeistern, für „Sie" und Ihre heranwachsenden Kinder wird jede Party der Knüller.

Sie und Ihre Gäste werden überrascht sein, in wie vielen Cocktails kein Alkohol enthalten ist und was Ihnen Zuhause für tolle Drinks gelingen werden.

Natürlich sind auch in diesem Kapitel die Rezepte alphabetisch sortiert. Um ein paar Beispiele zu nennen, finden Sie die bekannten Klassiker wie Coconut Kiss, Erdbeer frappé, Fruchtpunch, Golden Ginger und viele mehr.

Die Wahl der Gläser ist Ihrer Fantasie überlassen, die abgebildeten Gläser sind nur Vorschläge. Die Mengenangaben sind in der Regel für einen Cocktail angegeben, es sei denn die Personenzahl steht daneben.

Im 3. Kapitel finden Sie leicht nachzumachende Getränke-Rezepte aus dem Mixer. Diese Shakes und Smoothies sind alle alkoholfrei.

Sie werden Ihre wahre Freude beim Zubereiten dieser tollen Getränke haben. Für jeden Geschmack, ob mit oder ohne Alkohol, als Shake oder Smoothie ist für Jeden das passende dabei.

Wir wünschen Ihnen viel Spaß beim selber mixen. Sie werden auf der nächsten Party das Highlight sein.

Herzlichst Ihre

Dana Knechter

Über die Autorin:

Dana Knechter hat durch ihre langjährige Erfahrung in verschiedenen Hotels und Cocktail-Bars der gehobenen Kategorie einen Expertenstatus für Cocktails erlangt. Sie verfeinerte immer wieder die bekannten und ihre eigenen Rezepte, bis Sie diese Auswahl an herausragenden Getränken in diesem Buch zusammenfassen konnte.

Als zusätzliches Bonus-Material stellt sie in diesem Buch zu den Cocktail-Rezepten der ersten beiden Kapiteln verschiedenste Smoothie- und Shake-Rezepte zur Verfügung.

Cocktail-Rezepte mit Alkohol

After Eight

Zutaten
4 cl Creme de Menthe
6 cl Schokoladenlikör
2 cl Wodka Gorbatschow
Eis

Zubereitung
Nehmen Sie einen Shaker und füllen ihn mit Eis auf. Geben alle Zutaten hinein, gut durchschütteln. Die Flüssigkeit in ein vorgekühltes Glas abseihen. Dekorieren Sie den Cocktail mit geraspelter weißer Schokolade.

Dekoration
Weisse Schokoraspeln

Altbier Breezer

Zutaten

4 Stück Kumquats

1 EL weißer Rohrzucker

3 cl Lemon Hart Rum gold 40 %

2 cl Cointreau

Altbier

Crushed Ice

Zubereitung

Den Rohrzucker mit den vier halbierten Kumquats in ein großes Caipirinhaglas geben, leicht zerdrücken. ¾ des Glases mit Crushed Ice auffüllen, Cointreau und Rum dazugeben, mit Altbier auffüllen. Fertig.

Glas

großes Caipirinhaglas

Apple Martini

Zutaten

5 cl Wodka Gorbatschow

2 cl Sour Apple

15 cl Apfelsaft

Eis

Zubereitung

Nehmen Sie ein Rührglas und füllen ihn mit Eis auf. Geben Sie alle Zutaten hinein und gut durchrühren. Die gekühlte Flüssigkeit in ein Glas abseihen. Gin ist eine gute alternative zu Wodka.

Glas

V-Shape

Dekoration

Apfel – Zitronenscheibe

Batida de Côco Shake

Zutaten

8 cl Batida de Côco

8 cl Milch

4 cl Sahne

Eis

Zubereitung

Die Zutaten mit Eis und der geschlagenen Sahne in einem Elektromixer geben. In einem Longdrinkglas Eis füllen und mit der Mixtur auffüllen.

Glas

Longdrink / Highball

BAM BAM

Zutaten

2 ml Zitronensaft

2 ml Dry Gin

2 ml Limettensirup

2 ml Triple Sec

2 ml Aperol

Eis

Zubereitung

Nehmen Sie einen Shaker, geben alle Zutaten hinein, shaken. Die Flüssigkeit in ein Glas geben und mit Eis auffüllen. Mit Orangensaft oder Tonic Water kann man den Cocktail verlängern.

Dekoration

Bleibt jedem selbst überlassen

Bloody Mary

Zutaten

4 cl Wodka Gorbatschow

20 cl Tomatensaft

Pfeffer

Salz

Worcestershire Sauce

Tabasco

2 cl Zitronensaft

Eis

Zubereitung

Nehmen Sie ein Longdrinkglas, füllen es mit Eis auf und geben alle Zutaten hinein. Vorsichtig umrühren.

Caipirinha (Pitú)

Zutaten
1 Stück Limette(n)
1-2 EL brauner Rohrzucker
Crushed Ice
Ginger Ale
6 cl Pitú oder Cachaça
2 cl Maracujasirup

Zubereitung
Eine Limette achteln und in das Glas geben. Direkt 1-2 EL braunen Rohrzucker hinzufügen und die Limetten mit einem Stößel entsaften. Das Glas bis oben hin mit crushed ice auffüllen, 6cl Pitú bzw. Cachaca hinzugeben und mit Ginger Ale auffüllen. Zum Schluss noch Maracujasirup hinzufügen.

Glas
Longdrink-Glas 0.4 l

Dekoration
Nach Belieben eine Scheibe Limette ans Glas klemmen

Campari Orange

Zutaten

5   cl Campari

20 cl Orangensaft

Zubereitung

Nehmen Sie ein Longdrinkglas, geben den Campari hinein, füllen das Glas mit Orangensaft auf und dekorieren das Glas mit einer Orangenscheibe.

Glas

Longdrink / Highball

Dekoration

Orangenscheibe, Cocktailkirsche

Champagner Cocktail

Zutaten

2 Angostura

1 Stück Würfelzucker

Champagner

Zubereitung

Mit Angostura den Würfelzucker beträufeln und den Champagner in das Sekt- oder Champagner Glas füllen.

Glas

Sektglas

Dekoration

Kirsche

Der blaue Untergang

Zutaten

30 Stück Gletschereisbonbons

500 ml Wodka Gorbatschow

Zubereitung

Mit einem Nudelholz oder Fleischhammer die Bonbons zerkleinern und in den Wodka geben, 1 bis 2 Tage ziehen lassen, zwischendurch umrühren bis alles aufgelöst ist.

Glas

Schnapsglas

Dekoration

Blaue Lebensmittelfarbe

Dschungel Traum

Zutaten

3 cl Triple Sec

2 cl Apricot Brandy

1 cl Blue Curacao

10 cl Mangosaft

10 cl Bananensaft

Eiswürfel

Zubereitung

In einem Shaker Triple Sec, Apricot Brandy und Mangosaft mit Eiswürfeln vermischen.

Die Mixtur in ein Glas füllen, 2 Eiswürfel hinzufügen und Blue Curacao übergießen. Den Blue Curacao mit Hilfe eines Strohhalms am Glasrand runter drücken und zum Schluss alles noch mit Bananensaft auffüllen.

Glas

Fency

Dekoration

Orangenscheibe, Physalis, Cocktailschirmchen

Discoschorle St. Tropez

Zutaten

10 cl Söhnlein Brillant

10 cl Energy Drink

Eiswürfel

Zubereitung

Nehmen Sie ein Tumblerglas, füllen es mit Eis auf. Geben alle Zutaten hinein und rühren leicht um.

Glas

Tumbler

Dekoration

Himbeeren mit Goldstaub

Eisberg

Zutaten

2 cl Wodka Gorbatschow

2 cl Maraschino - Likör

2 cl Pink Grapefruit - Saft

1 cl Frischer Zitronensaft

2 cl Zuckersirup

Eis

Henkell trocken (Sekt) zum auffüllen

Zubereitung

Alle Zutaten in einen Mixer geben und mit Eis auffüllen. Geben Sie in ein Weinglas die Eismasse und fügen den Sekt hinzu.

Glas

Weinglas

Dekoration

Grapefruit- & Zitronenschale, Grapefruit Stückchen

Elefantenschwanz

Zutaten

4 cl Rum (braun)

6 cl Rum (73% Vol.)

4 cl Baileys

4 cl Batida de Côco

2 cl Cream of Coconut

2 cl Sahne

4 cl Orangensaft

Zubereitung

Nehmen Sie einen Shaker, geben alle Zutaten hinein und schütteln gut durch.

Glas

Long

Dekoration

Ananas

Feuerwasser

Zutaten

4 cl Tequila

4 cl Agavensirup

4 cl Limettensaft

2 cl Cointreau

Eis

Zubereitung

Nehmen Sie einen Shaker und füllen diesen mit Eis auf. Geben alle Zutaten hinein und schütteln gut durch. Die Flüssigkeit in ein V-Glas abseihen, ohne Eis. Das Glas mit einer Limettenscheibe dekorieren.

Feuerzangenbowle

Zutaten

1 Liter Rotwein

1 Zimtstange(n)

3 Nelken

1 TL Zitronenschale

2 TL Orangenschale

1 Zuckerhut

0,5 Liter Pott 54

Zubereitung

Füllen Sie trockenen Rotwein in einen Topf und würzen diesen mit Zimtstangen und Nelken.

Die Schale von unbehandelten Zitronen und Orangen in dünne Streifen schneiden und zusammen mit dem Rotwein erhitzen.

Den Zuckerhut auf eine Feuerzange legen und anzünden.

Nach einer geringen Zeit schmilzt der Zucker und tropft in den Rotwein. Den Zuckerhut ab und zu mit etwas Rum übergießen, damit die Flamme nicht erlischt. Wenn gewünscht können Sie noch Rotwein nachschütten. Die heiße Feuerzangenbowle am besten in Punschgläsern servieren.

Fluch der Karibik

Zutaten

4 cl Rum braun

4 cl Rum weiß

2 cl Captain Morgan

2 cl Apricot Brandy

2 cl Limettensaft

2 cl Maracujasirup

2 cl Grenadine

2 cl Triple Sec

6 cl Ananassaft

4 cl Orangensaft

2 cl Wodka Gorbatschow

Eis

Zubereitung

Nehmen Sie einen Shaker und füllen diesen mit Eis auf. Geben alle Zutaten hinein und schütteln gut durch.

Glas

0,5 l Capirinha Glas

Dekoration

Karambola

Grasshopper

Zutaten
4 cl Creme de Cacao white
4 cl Creme de Menthe
8 cl Sahne

EIS

Zubereitung
Nehmen Sie einen Shaker und füllen diesen mit Eis auf. Geben alle Zutaten hinein und schütteln gut durch. Die Flüssigkeit in ein vorgekühltes Glas abseihen. Mit einem Minzblatt dekorieren.

Glas
Cocktailschale

Dekoration
Minzblatt

Grüne Witwe

Zutaten
50 cl Sekt Söhnlein Brillant
25 cl Maracujasaft
25 cl Orangensaft
20 cl Blue Curacao

Zubereitung
Nehmen Sie eine vorgekühlte Bowlenschale und füllen die 3 Zutaten mit Sekt auf.

Glas
Bowlenschale

Dekoration
Orangenscheibe

Guantanamo

Zutaten

6 cl Rum (braun)

1 cl Kokossirup

1 cl Lime Juice

2 cl Grenadine

8 cl Orangensaft

8 cl Ananassaft

Crushed ice

Zubereitung

Nehmen Sie einen Shaker, füllen diesen mit Crushed Ice auf, geben alle Zutaten hinein und schütteln alles gut durch.

Hakuna Matata

Zutaten
2 cl Kiwilikör
4 Stück geachtelte Limetten
2 cl Lime Juice
Grüner Tee
Blauer Sirup
4 cl Wodka Gorbatschow
Crushed Ice

Zubereitung
In einem Glas Limetten und Lime Juice mit einem Stößel zerstampfen und mit Crushed Ice auffüllen. Fügen Sie Wodka, Kiwilikör und grünen Tee hinzu. Alles gut durchschütteln und danach in ein Glas mit blauem Sirup umfüllen.

Glas
Cocktailglas

Dekoration
Scheibe Limette einschneiden und mit braunem Zucker bestreuen oben auflegen

Hot Cowgirl

Zutaten
4 cl POTT Sweet & Spicy
2 cl Vanillesirup
2 cl Kaffeelikör
15 cl Milch

Zubereitung
Die Zutaten in eine Tasse geben, heiße Milch hinzufügen und gut durchrühren. Mit geriebener Muskatnuss nach Geschmack bestreuen.

Glas
Tasse oder hitzebeständiges Glas

Dekoration
Muskatnuss

Hugo

Zutaten

2-3 cl Holunderblütenlikör oder – Sirup

150 ml Sekt oder Weißwein

1/2 gewürfelte Limetten

3-6 frische Minzblätter

Eiswürfel

Zubereitung

Die Minze in einem mittelgroßen Weinglas leicht ausdrücken. Likör oder Sirup dazugießen, einige Eiswürfel dazugeben und das Glas mit dem Sekt oder Wein auffüllen. Die Limettenscheibe darüber ausdrücken, dazugeben und alles zum Schluss leicht umrühren.

Ice blush

Zutaten

15 cl Blush wein

1 cl Elder Flower Sirup

1 cl Limettensaft

2 cl Kirschsaft

4 cl Soda Wasser zum Auffüllen

Eis

Zubereitung

Geben Sie die Zutaten in ein Whiskeyglas, außer das Soda Wasser, und füllen Sie das Glas mit Eis auf. Leicht durchrühren und mit Soda Wasser auffüllen. Jeweils eine Limonen- und Greyfruitscheibe hinzugeben.

Glas

Whiskeyglas

Dekoration

Greyfruit und Limonen Scheiben ins Glas geben

Italian Blossom

Zutaten
2 cl Campari
Sekt Henkelltrocken
4 cl Orangensaft

Eis

Zubereitung
Eis und die 2 Zutaten in ein Cocktailglas geben und mit Sekt auffüllen.

Glas
Cocktailglas

Dekoration
½ Orangenscheibe

In Love

Zutaten

4 cl Wodka

2 cl Amaretto

20 cl Milch

Zubereitung

Geben Sie alle Zutaten in ein Glas und rühren Sie die Mischung leicht um.

Glas

Longdrinkglas oder Karaffe

Dekoration

1/2 Orangenscheibe

Jack the Ripper

Zutaten

6   cl Whiskey (Jack Daniels)

20 cl Pfefferminztee

3 Stück Kandis (braun)

1 TL Honig

Zubereitung

Den Pfefferminztee kochen und abkühlen lassen und den Tee in den Kühlschrank stellen und warten, bis er wirklich kalt ist, ebenfalls den Jack Daniel's kaltstellen. Danach beides vermischen und in das Glas füllen. Den Teelöffel Honig reintropfen lassen, sodass er sich absetzt. Zum Schluss die Kandis-Stücke dazugeben

Glas

Martiniglas

Dekoration

Pfefferminzblatt

Jägermeister-Eistee

Zutaten

5 cl Jägermeister

20 cl Eistee

Eiswürfel

Zubereitung

Alle Zutaten in ein hohes Glas geben und mit Eiswürfeln auffüllen.

Jamaica Kiss

Zutaten

4 cl Rum (Pott)

4 cl Kahlua

10 cl Sahne

Eis

Zubereitung

Nehmen Sie einen Shaker und füllen diesen mit Eis auf. Geben alle Zutaten hinein und schütteln gut durch. Die Flüssigkeit in ein vorgekühltes Glas abseihen.

Glas

Cocktailschale

Kir Royal

Zutaten

150 ml Sekt Henkeltrocken

2 cl Creme de Cassis

Zubereitung

Creme de Cassis in ein Sektglas geben und mit Sekt auffüllen.

Glas

Sektglas

Knall Tüte

Zutaten

6 cl Bourbon Whiskey

2 cl Vanillesirup

4 cl Zitronensaft

15 cl Blutorangensaft

Eis

Zubereitung

Nehmen Sie einen Shaker und füllen diesen mit Eis auf. Geben Sie alle Zutaten hinein und schütteln gut durch. Die Flüssigkeit in ein mit frischem Eis gefülltem Glas geben. Dekorieren Sie das Glas mit Vanilleschoten und Orangenresten.

Kümmerling Kick

Zutaten

2 cl Kümmerling

2 cl Rum (braun)

4 cl Cola

Zubereitung

Nehmen Sie ein Shotglas, geben alle Zutaten hinein und rühren einmal leicht um.

Glas

Shotglas

Lady Killer

Zutaten

4 cl Gin

2 cl Apricot Brandy

2 cl Cointreau

6 cl Ananassaft

6 cl Maracujasaft

Eis

Zubereitung

Nehmen Sie einen Shaker und füllen diesen mit Eis auf. Geben Sie alle Zutaten hinein und schütteln gut durch. Die Flüssigkeit in ein mit Eis gefülltes Glas abseihen. Mit einer Orangenscheibe dekorieren.

Glas

Fancy

Dekoration

Orangenscheibe

Lumumba

Zutaten
4 cl POTT Sweet & Spicy
20 cl Kakao

Eiswürfel

Zubereitung
Füllen Sie das Longdrinkglas mit Eiswürfeln auf und geben alle Zutaten hinein. Leicht umrühren.

Glas
Longdrinkglas oder hitzebeständiges Glas (Hot Lumumba)

Little Sin

Zutaten
100 ml Sekt Henkeltrocken
2 cl Grenadine
4 cl Kirschsaft

Eis

Zubereitung
Nehmen Sie einen Shaker und füllen diesen mit Eis auf. Geben Sie die Zutaten, außer den Sekt, hinein und schütteln das Ganze gut durch. Die Flüssigkeit in ein vorgekühltes Glas abseilen und mit dem Sekt auffüllen. Dekorieren Sie das Glas mit einer Orangenscheibe mit Kirschen auf einem Spieß.

Glas
Fancy

Dekoration
½ Orangenschreibe, 2 Cocktailkirschen

Margarita

Zutaten
6 cl Tequila
4 cl Limettensaft
4 cl Triple Sec

Eis

Zubereitung
Nehmen Sie einen Shaker und füllen diesen mit Eis auf. Geben alle Zutaten hinein und schütteln gut durch. Die Cocktailschale müssen Sie mit einem Salzrand verzieren. Die Flüssigkeit in das Glas füllen und alles mit einer Limettenscheibe dekorieren.

Glas
Cocktailschale

Dekoration
Salzrand

Mata Hari

Zutaten

1 Barlöffel Pisang Ambon

4 cl Dry Gin

2 cl Triple Sec

1 cl Zitronensaft

Zubereitung

Alle Zutaten in ein Glas geben, mit Eis auffüllen und leicht umrühren.

Glas

halbhohes Glas (z. B. kleines Weinglas)

Dekoration

Limettenscheibe oder Limonenscheibe im Glas, roter Crusta-Rand (Glasrand in Grenadine-Sirup tauchen und in Zucker drehen)

Nostradamus

Zutaten

4 cl Southern Comfort

2 cl Jamaica Rum (73%)

2 cl Strohrum (80%)

2 cl Bacardi

10 cl Orangensaft

10 cl Kirschsaft

3-4 Stück Eiswürfel

Zubereitung

Nehmen Sie einen Shaker, füllen alle Zutaten hinein, sowie Eiswürfen und schütteln kräftig durch. Geben Sie die Mischung in ein Cocktailglas mit 3-4 Eiswürfeln.

Glas

Cocktailglas

Dekoration

1/2 Limettenscheibe

Nektaris

Zutaten

2/3 Sekt Henkel Trocken

1/3 Sauerkirschennektar

Zubereitung

Die Zutaten in ein Sektglas geben und leicht umrühren. Cocktailkirsche hineingeben.

Glas

Sektglas

Dekoration

Cocktailkirsche

Nightlife Chic

Zutaten

4 cl Cardenal Mendoza

2 cl Limettensaft

2 cl Hibiskusblütensirup

16 cl Arizona Eistee Green Tea with Honey

Eis

Zubereitung

Nehmen Sie einen Shaker und füllen diesen mit Eis auf. Geben Sie alle Zutaten hinein und schütteln gut durch. Die Flüssigkeit in ein Glas geben und mit einer Orangenzeste dekorieren.

Glas

Weinglas

Dekoration

Das Glas mit einer Orangenzeste dekorieren.

Orgasmus

Zutaten

4 cl Wodka Gorbatschow

4 cl Kahlua

4 cl Baileys

4 cl Amaretto

10 cl Sahne

Zubereitung

Nehmen Sie einen Shaker und füllen diesen mit Eis auf. Geben alle Zutaten hinein. Die Flüssigkeit in ein vorgekühltes Glas abseihen.

Glas

Cocktailschale

Dekoration

Orangenscheibe, Zitronenscheibe, Kirsche

Orangenbowle

Zutaten

1 Flasche Sekt

1 Liter Apfelsaft

4 Orange(n)

2 EL Honig

Zubereitung

Die geschälten und filetierten Orangen mit Honig überziehen, ca. 30 Minuten ziehen lassen, Sekt und Saft dazugeben und in einer Bowlenschale leicht durchrühren. Sekt kann ebenfalls mit Alkohol sein.

Glas

Bowlenschale

Ocean's Green

Zutaten

2 cl brauner Rum

2 cl Wodka

2 cl Bols Peppermint

1 cl Pfefferminzsirup

4 cl Limettensaft

6 cl Annanasssaft

3 cl Dry Ginger-Ale

Apfelsaft

Eis

Zubereitung

Alle Zutaten, bis auf den Apfelsaft, Ginger-Ale und Pfefferminz-Likör, in einen Shaker mit etwas Eis geben und kräftig durchschütteln.

Dann in ein großes Glas umfüllen und Ginger-Ale hinzufügen und einmal umrühren.

Zum Schluss den Apfelsaft und den Pfefferminz-Likör nach Bedarf hinzugeben ohne erneut umzurühren.

Dekoration

Ananasscheibe

Pina Colada

Zutaten

2 cl Rum (weiß)

2 cl Rum (braun)

2 cl Kokossirup

4 cl Sahne

10 cl Ananassaft

Eis

Zubereitung

Nehmen Sie einen Shaker und füllen diesen mit Eis auf. Geben alle Zutaten hinein. Die Flüssigkeit in ein vorgekühltes Glas abseihen. Dekorieren Sie das Glas mit einer Ananasscheibe.

Glas

Fancy

Dekoration

Ananasscheibe

Prince

Zutaten

12 cl Maracujasaft

10 cl Creola de Coco

4 cl Tequila Silver

4 cl Likör 43

6 cl Sahne

Eiswürfel

Zubereitung

Nehmen Sie einen Shaker und füllen diesen mit Eis auf. Geben alle Zutaten hinein und schütteln gut durch. Lassen Sie die Flüssigkeit in ein Glas abseihen.

Rolls Royce Cocktail

Zutaten

4 cl Brandy

4 cl Cointreau

12 cl Orangensaft

Eis

Zubereitung

Nehmen Sie einen Shaker und füllen diesen mit Eis auf. Geben alle Zutaten hinein und schütteln gut durch. Zum Schluss die Flüssigkeit in ein Glas abseihen.

Glas

V-Shape

Tequila Sunrise

Zutaten

6 cl Tequila

2 Stück Limette(n)

2 cl Grenadine

10-12 cl Orangensaft

Crushed Ice

Zubereitung

Zuerst müssen Sie ein Longdrinkglas bis zur Hälfte mit Crushed Ice füllen und drücken dieses etwas mit einem Löffel herunter. Drücken Sie die 2 Achtel Limetten über das Eis aus, aber den Rest der Limetten nicht in das Glas dazugeben. Geben Sie den Grenadinesirup und den Tequila hinzu. Zum Schluss gießen Sie den Orangensaft vorsichtig in das Glas.

Glas

Longdrink / Highball

Dekoration

Orangenscheibe

Tropical Heat

Zutaten

10 cl Orangensaft

10 cl Maracujasaft

4 cl Zitronensaft

6 cl Wodka Gorbatschow

Eiswürfel

Zubereitung

Alle Zutaten in ein hohes Glas geben, leicht umrühren und mit Eis auffüllen.

Glas

hohes Glas

Dekoration

Eiswürfel

Undercover

Zutaten

4 cl Wodka

2 cl Gin

2 cl Rum (hell)

4 cl Blue Curacao

2 cl Zitronensaft

2 cl Grenadinesirup

10 cl Ananassaft

10 cl Red Bull

2 TL brauner Rohrzucker

1 Stück Sternfrucht

100 g Crushed Ice

Zubereitung

Alle Zutaten, außer den Zucker, mit etwas Crushed Ice in einem Shaker gut durchschütteln und so lange shaken bis das Eis geschmolzen ist. Die Mischung in ein Glas füllen, mit dem Rest des Eises auffüllen und den Zucker hinzugeben.

Glas

hohes Glas

Dekoration

Sternfrucht als Scheibe an oder ins Glas

Vulcano

Zutaten

4 cl Himbeergeist

4 cl Blue Curacao

Champagner

Eis

Zubereitung

Nehmen Sie einen Shaker und füllen diesen mit Eis auf. Geben die 2 Zutaten hinein. Die Flüssigkeit in ein vorgekühltes Glas abseilen und mit Champagner auffüllen.

Glas

Sektglas

Veneziano Aperol Sprizz

Zutaten

4 cl Aperol

10 cl Prosecco

10 cl Soda

Eis

Zubereitung

Füllen Sie ein Weinglas mit Eis auf und geben alle Zutaten hinein. Dekorieren mit einer halben Orangenscheibe und Minze.

Glas

Weissweinglas

Dekoration

Orangenscheibe

Wodka Red Bull

Zutaten

6   cl Wodka Gorbatschow

20 cl Energy Drink

Eis

Zubereitung

Alle Zutaten in ein Glas geben, mit Eis auffüllen und leicht umrühren.

Glas

Longdrink / Highball

Winterzauber

Zutaten

Früchtetee

2 Zimtstangen

100 g Zucker

2 Orangen

1 Limette

2 Äpfel

6 cl Limettensaft

30 cl Orangensaft

2 Flasche Rotwein

20 cl Rum

20 cl Orangenlikör

1 Liter Soda

Zubereitung

Kochen Sie den Tee mit einer Zimtstange und verfeinern diesen mit Rotwein und Säften. Geben Sie noch Zucker mit Orangen- und Limettenscheiben und Apfelstücken hinzu. Entfernen Sie den Teebeutel und lassen alles vier Stunden in einem Bowlengefäß ruhen. Nach der Zeit mit Rum und Orangenlikör abschmecken und mit Sodawasser aufgießen. Das Bowlenglas mit Orangen und Limetten dekorieren.

White Sensation

Zutaten

1 Stück Lemongrass

3 Stück Kafirblatt

1 cl Ingwersirup

2 cl Grapefruitlikör

1 Stück Eiweiss

4 cl Wodka Gorbatschow

Zubereitung

Alle Zutaten in einem Shaker gut durchschütteln und die Mixtur in ein Weinglas füllen.

Glas

Wine

Dekoration

Melissenblatt

Yellow Bird

Zutaten

2 cl Galliano

4 cl Rum (weiß)

2 cl Cointreau

2 cl Zitronensaft

Eis

Zubereitung

Nehmen Sie einen Shaker und füllen diesen mit Eis auf. Geben alle Zutaten hinein. Die Flüssigkeit in ein vorgekühltes Glas abseihen.

Glas

Cocktailschale

Zisch

Zutaten

4 cl Pepino Peach

5 Stück Eiswürfel

18 cl Zisch

4 cl Wodka Gorbatschow

Eis

Zubereitung

Caipirinha Glas mit Eiswürfeln auffüllen. Pepino Peach und Wodka hinzufügen, mit Zisch auffüllen und mit einer Erdbeere oder Limettenscheibe dekorieren.

Glas

Caipirinha Glas

Dekoration

Limettenscheibe oder Erdbeere

Zombie

Zutaten

2 cl Rum (weiß)

2 cl Rum (Pott)

2 cl Rum (73 % Vol. Alc.)

2 cl Cherry Brandy

2 cl Apricot Brandy

2 cl Zitronensaft

2 cl Grenadine

100 ml Orangensaft

100 ml Ananassaft

Eis

Zubereitung

Nehmen Sie einen Shaker und füllen diesen mit Eis auf. Geben Sie alle Zutaten hinein. Die Flüssigkeit in ein vorgekühltes Glas abseihen. Mit Ananassaft und Orangensaft auffüllen. Dekorieren Sie das Glas mit Ananasstücken und Orangenscheiben auf einem Spieß.

Glas

Fancy

Dekoration

Orangenscheibe, Ananasstück

Apple Lemon Twister

Zutaten
50 ml Limettensirup
50 ml Apfelsaft
100 ml Mineralwasser
Eiswürfel
Orangenscheibe

Zubereitung
Limettensirup und Mineralwasser zusammen in ein Glas geben, dann Apfelsaft dazu mixen. Danach die Eiswürfel hinzufügen und solange umrühren, bis sie sich aufgelöst haben. Zuletzt die Orangenscheibe auf das Glas stecken.

Glas
großes, buntes Glas
Dekoration: Orangenscheibe

Banana Dream

Zutaten

2 cl Mango

2 cl Bananensirup

2 cl Passionsfrucht

2 cl Grenadine

1/2 Banane

20 cl Milch

Eis

Zubereitung

Alle Zutaten in einem Glas gut vermischen und etwas Eis hinzufügen.

Glas

Longdrink

Dekoration

Fancy

Cheery Cream

Zutaten

15 cl Kirschsaft

10 cl Schlagsahne

Zubereitung

Die Sahne steif schlagen und mit dem Kirschsaft in einen Shaker geben. Alles ordentlich schütteln und in ein Glas füllen.

Glas

Bowlenglas

Dekoration

Kirschen auf einen Spieß aufspießen und übers Glas legen

Coconut Kiss

Zutaten

2 cl Sahne

10 cl Orangensaft

10 cl Ananassaft

2 cl Kokossirup

Eis / Crushed Ice

Zubereitung

Alle Zutaten mit Eis in einen Shaker geben und gut schütteln. Danach in ein Glas mit Crushed Ice füllen.

Glas

Fancy

Dekoration

Orangenscheiben, Cocktailkirschen, Trinkhalm

Dark Blood

Zutaten

4 cl Bananensaft

4 cl Orangen Nektar

4 cl schwarzer Johannisbeersaft

2 cl Pfirsichsirup

2 cl Cocossirup

2 cl Sirup (Blue-Curacao)

1 Dash Frischer Zitronensaft

Crushed Ice

Zubereitung

Alle Zutaten, außer dem Dash Zitronensaft, in einem Shaker gut durchschütteln.

Anschließend den Drink in ein Longdrink-Glas gießen und mit einem schwarzen Strohhalm servieren.

Zum Schluss etwas von dem Dash Zitronensaft hineingeben und mit dem Strohhalm umrühren.

Glas

Longdrink

Dekoration

Schwarzer Strohhalm

Discoschorle St. Tropez

Zutaten

15 cl Söhnlein Brillant alkoholfrei

15 cl Energy Drink

Eiswürfel

Zubereitung

Beide Zutaten in ein Glas füllen und einmal umrühren.

Glas

Tumbler

Dekoration

Himbeeren mit Goldstaub

Erdbeer frappé

Zutaten

150 g Erdbeeren (gefroren)

800 ml Milch

1 TL Vanillezucker

80 g Zucker

Zubereitung

Alle Zutaten auf höchster Stufe im Mixbecher vermischen und anschließend in ein Shakeglas füllen.

Cocktail-Tips

kalt servieren

Glas

Shakeglas

Dekoration

In einem hohen Glas mit einer Sahnehaube und einer Cocktailkirsche garnieren.

Fruchtpunch

Zutaten

1 Liter Früchtetee

1 Liter Orangensaft

1 Liter Apfelsaft

½ Liter Birnensaft

1 Orange

1 Apfel

Zimt

Zucker

Zubereitung

Zuerst den Früchtetee kochen und ziehen lassen. Dann die anderen Säfte und die geschnittenen Früchte mit Honig und Vanillezucker unterrühren und etwas ziehen lassen.

Golden Ginger

Zutaten

10 cl Orangensaft

10 cl Grapefruitsaft

10 cl Ananassaft

Ginger Ale

Eis

Zubereitung

Alle Zutaten, außer Ginger Ale, in einem Shaker kräftig schütteln und mit dem Eis in das Glas geben. Mit Ginger Ale auffüllen und garnieren.

Glas

Großer Tumbler

Dekoration

Annanasscheibe

Green Orange

Zutaten

8 cl Orangensaft

4 cl Bananensaft

4 cl Ananassaft

2 cl Sirup (Blue-Curacao)

2 cl Pfirsichsirup

4 cl Sahne flüssig

Crushed Ice

Zubereitung

In einem Mixer alle Zutaten mit Crushed Ice vermischen.
Anschließend in ein Longdrink-Glas abseihen lassen.

Glas

Longdrink

Dekoration

Orangenscheibe

Hazelnut Coffee

Zutaten

4 cl Haselnusssirup

10 cl Milch

1 doppelter Espresso

4 cl Sahne

Eis

Zubereitung

Zutaten mit Eis vermischen und in ein mit Eis
gefüllte Glas geben.

Glas

Longdrink / Highball

Dekoration

Haselnuss gemahlen

Honolulu Flip

Zutaten

10 cl Orangensaft

8 cl Maracujasaft

10 cl Ananassaft

2 cl Zitronensaft

2 cl Grapefruitsaft

2 Stück Eiswürfel

1 EL Crushed Ice

Zubereitung

In einem Shaker alle Säfte mit den Eiswürfeln vermischen. Crushed Ice zu einem Drittel in ein Glas geben und die Saftmischung über ein Barsieb in das Glas füllen.

Glas mit einem großen Strohhalm, einer Sternfrucht- und Orangenscheibe dekorieren.

Glas

Longdrink

Dekoration

Scheibe einer Sternfrucht, Orangenscheibe, Kiwischeibe

Ipanema

Zutaten

1 Limette

2 Barlöffel Rohrzucker

Ginger Ale

Crushed Ice

Zubereitung

Zuerst die Limetten achtel und Zucker mit Stößel zerdrücken. Das Glas mit Crushed Ice auffüllen. Ginger Ale zugeben und im Glas verrühren.

Glas

Caipirinha Tumbler

Jingle Bells

Zutaten

2 cl Vanillesirup

2 cl Karamellsirup

4 cl Sahne flüssig

4 cl Maracujanektar

10 cl Orangensaft

Crushed Ice

Zubereitung

Crushed Ice in ein Glas geben und alle Zutaten im Shaker vermischen und hinzufügen.

Glas

Thumbler

KIWI SHAKE Frappé

Zutaten
4 TL Honig
2 EL Joghurt
4 Kiwis
250 ml Milch
1 Priese Vanilin-Zucker

Zubereitung
Kiwis schälen, halbieren und mit Hilfe des Blenders (Elektromixer) pürieren. Kiwimus mit den restlichen Zutaten mit dem Mixer vermischen und für eine halbe Stunde in den Kühlschrank stellen. Alles in ein Glas füllen und an den Rand eine Kiwispalte setzen.

Glas
Longdrink

Dekoration
Kiwispalte

82

Lemon, Lime & Bitters

Zutaten
2 cl Limettensaft
einige Spritzer Angosturabitter
Zitronenlimonade
Eis

Zubereitung
Limettensaft in ein mit Eis gefülltes Londrinkglas geben. Mit Limonade auffüllen und einige Spritzer Angosturabitter darüber träufeln.

Glas
Longdrinkglas

Dekoration
Scheibe Limette

Melonenbowle

Zutaten
2 Flaschen Sekt Alkoholfrei
1 Wassermelone
½ Flasche Mineralwasser

Zubereitung
Melone entkernen und klein schneiden, mit alkoholfreiem Sekt und kohlensäurehaltigem
Mineralwasser auffüllen, im Kühlschrank lagern.

Glas
Bowlenschale

Dekoration
Minze

Paloma Rose

Zutaten

4 cl Monin Rosensirup

4 cl Limettensaft

150 ml Mineralwasser

Zubereitung

Alle Zutaten miteinander vermischen und in ein Glas geben.

Glas

Highball / Longdrink

Dekoration

Limette

PINK PARADIES

Zutaten
50 ml Limettensirup
50 ml Himbeersirup
100 ml Mineralwasser
Eiswürfel
Orangenscheibe / Limette

Zubereitung
Himbeersirup mit Limettensirup in einem Glas vermischen und die Eiswürfel dazugeben und solange rühren, bis sich die Eiswürfel aufgelöst haben. Das Mineralwasser hinzufügen und zum Schluss die Orangenscheibe auf den Rand des Glases setzen.

Glas
Großes Glas

Dekoration
Orangenscheibe / Limette

Raspberry Beach

Zutaten

2 cl Himbeersirup

2 cl Ananassaft

2 cl Limettensaft

15 cl Mineralwasser

4 cl Mangosaft

4 Eiswürfel

Zubereitung

Den Mangosaft und den Ananassaft mit etwas Eis kalt shaken. Das Glas mit dem Mineralwasser auffüllen und den Limettensaft hinzufügen. Danach den Himbeersirup langsam dazugeben, dass sich ungefähr die untere Hälfte des Glases rot färbt.

Glas

Squash

Dekoration

Limette

Red Apple Sunset

Zutaten

4 cl Grapefruitsaft

4 cl Granatapfelsaft

20 cl Apfelsaft

4-6 Eiswürfel

Zubereitung

Alle Zutaten in einem Shaker vermischen und anschließend in ein Cocktail-Glas füllen.

Sommerbowle

Zutaten

1 Flasche Sekt (z.B. Söhnlein Brillant Alkoholfrei)

500 ml Kirschsaft

1 Pfirsich

6 EL Rohrzucker

1 Liter Orangensaft

100-200 g Erdbeeren

Zubereitung

Einen Tag vorher Kirschsaft zu Eiswürfeln gefrieren lassen. Erdbeeren waschen und in Würfel schneiden, Pfirsich und Erdbeeren ins Glas geben und mit Zucker bestreuen. Säfte vermischen und zu den Früchten dazugeben und 30 Minuten ziehen lassen. Vor dem Servieren die Kirschsaftwürfel und den alkoholfreien Sekt hinzufügen.

Glas

Bowlenschale

Dekoration

Erdbeeren / Limetten

Sunrise

Zutaten

10 cl Orangensaft

4 cl Grenadine

10 cl Maracujasaft

Crushed Ice

Zubereitung

Maracujasaft und Orangensaft in ein mit Crushed Ice gefülltes Glas füllen und die Grenadine langsam einfließen lassen.

Glas

Longdrinkglas

Dekoration

Orangenscheibe

Tailormade Green Melon Iced Tea

Zutaten

10 cl Melonensirup

10 cl Limettensaft

150 ml grüner Tee

Orangenscheiben

Zitronenscheiben

Gurkenscheiben

Eiswürfel

Zubereitung

Den grünen Tee circa 2 Minuten ziehen und am besten etwas abkühlen lassen. Alle Zutaten mit Orangen-, Zitronen- und Gurkenscheiben in ein Glas mit Eiswürfeln geben und verrühren.

Glas

Großes Glas

Dekoration

Orangen-, Zitronen- und Gurkenscheiben

Trend

Zutaten

10 cl Grapefruitsaft

10 cl Maracujasaft

10 cl Ginger Ale

Eis / Crushed Ice

Zubereitung

Alle Zutaten mit Eis vermischen und in das mit Crushed Ice gefüllte Glas füllen. Zum Schluss Ginger Ale dazugeben.

Glas

Fancy

Dekoration

Minze

Vanilla Passion

Zutaten

4 cl Vanillesirup

4 cl Passionsfruchtmark

2 cl Sahne

10 cl Mineralwasser

4 Eiswürfel

Zubereitung

Alle Zutaten in einem Shaker gut durchschütteln.

Glas

Mittleres Glas

Dekoration

Limette

Virgin Mary

Zutaten

20 cl Tomatensaft

Pfeffer

Salz

Worcestershire Sauce

Tabasco

2 cl Zitronensaft

Eis

Zubereitung

Alle Zutaten mit Eis vermischen und in das mit Eis gefüllte Glas füllen.

Glas

Longdrink / Highball

Dekoration

Selleriestange / Minze

Erdbeer-Shake

Zutaten für 4 Portionen

200 g	Frischkäse
250 ml	Mineralwasser
250 g	Erdbeeren
1 Pck.	Vanillezucker
4 EL	Zucker
200 ml	Milch
2 EL	Limettensaft

Zubereitung

Geben Sie alle Zutaten in einem Mixer und pürieren diese. Fertig. Gläser nach Geschmack dekorieren.

Fitness Shake

Zutaten: Für 4 Portionen
500 g   Joghurt (1,5% Fettanteil)
350 g   Erdbeeren

2   Bananen
2 EL   Honig (alternativ wenige Tropfen Flüssig-Süßstoff)
100 g   Müsli oder Haferflocken
100 g   Magerquark
100 ml Milch

Zubereitung
Geben Sie alle Zutaten in einem Mixer, und pürieren diese. Fertig. Gekühlt servieren.

Bananenmilch

Zutaten: Für 1 Portion

1   Banane

¼ Liter Milch

etwas Zucker

Zubereitung

Geben Sie alle Zutaten in einem Mixer, und pürieren diese. Fertig. Je nach Geschmack mit Zucker oder Flüssigsüßstoff nachsüßen.

Frühstücksdrink

Zutaten: Für 2 Portionen

1	Banane

2 TL	Honig
2 EL	Dinkelflocken
400 ml	Milch
2 TL	Mandeln
2 TL	Kakaopulver

Zubereitung

Geben Sie alle Zutaten in einem Mixer, und pürieren diese. Fertig.

Sommermorgen

Zutaten: Für 2 Portionen

1   Kiwi

300 g   Wassermelonenfleisch

100 ml   Pfirsichsaft oder Pfirsichnektar

100 ml   Milch

Zubereitung

Geben Sie alle Zutaten in einem Mixer, und pürieren diese. Fertig. Geben Sie alle Zutaten in einem Mixer, und pürieren diese. Fertig. Je nach Geschmack mit Zucker oder Flüssigsüßstoff nachsüßen.

Aprikosentraum

Zutaten: Für 2 Portion

150 g   Aprikose, entkernte

250 g   Joghurt

2 EL   Puderzucker

1 etwas   Zitronensaft

1 Msp.   Vanillezucker

100 ml   Mineralwasser

Zubereitung

Geben Sie alle Zutaten in einem Mixer, und pürieren diese. Fertig. Gekühlt servieren.

Himbeer – Milchshake

Zutaten: Für 1 Portion
300 ml   Milch (1,5%)
4-5 EL   Himbeeren (TK), gehäufte EL oder anderes Obst

Zubereitung
Geben Sie alle Zutaten in einem Mixer, und pürieren diese. Fertig. Je nach Geschmack mit Zucker oder Flüssigsüßstoff nachsüßen.

Kirsch- Milchshake

Zutaten: Für 1 Portionen
300 ml   Milch
½ Pck.   Fertigmischung für Fruchtschale (Pulver)

Zubereitung
Milch mit der Fertigmischung, Geschmack Kirsch, in einen Shaker füllen, gut durchschütteln.
Fertig. Fertigmischung gibt es für alle Obstsorten.

Powerdrink

Zutaten: Für 4 Portionen

2	Bananen
2	Pfirsiche
2	Nektarinen
800 ml	Milch
2 EL	Zucker (Traubenzucker)
150 g	Erdbeeren

Zubereitung
Geben Sie alle Zutaten in einem Mixer, und pürieren diese. Fertig. Gekühlt servieren.

Mango – Shake

Zutaten: Für 2 Portionen

1	Mango
1	Banane
1	Orange, ausgepresst
400 ml	Milch

Zubereitung

Geben Sie alle Zutaten in einem Mixer, und pürieren diese. Fertig. Gekühlt servieren.

Pfirsich – Bananenshake

Zutaten: Für 2 Portionen

1	Banane

2	Pfirsiche
400 ml	Milch (Haselnuss-, Hafer- oder Sojamilch)
1 Msp.	Vanillemark
100 ml	Mineralwasser

Zubereitung

Geben Sie alle Zutaten in einem Mixer, und pürieren diese. Fertig. Gekühlt servieren.

Birnen - Pistazien – Shake

Zutaten: Für 2 Portionen

2   Birnen
500 ml Kefir oder Buttermilch
15   Pistazien
2 EL   Honig
3 Spritzer   Zitronensaft, nach Geschmack

Zubereitung

Pistazien aus der Schale nehmen, geben Sie dann alle Zutaten in einem Mixer, und pürieren diese. Fertig. Gekühlt servieren.

Grüner Smoothie mit Spinat

Zutaten: Für 2 Portion

2	Bananen
1	Mango
150 g	Blattspinat

400 ml   Wasser

Zubereitung
Geben Sie alle Zutaten in einem Mixer, und pürieren diese. Fertig. Gekühlt servieren.

Vanillemilch

Zutaten: Für 1 Portion
300 ml   Milch
2 Kugel Vanilleeis
1 Pck.   Vanillinzucker

Zubereitung
Geben Sie alle Zutaten in einem Mixer, und pürieren diese. Fertig. Je nach Geschmack mit Zucker oder Flüssigsüßstoff nachsüßen.

Möhrendrink

Zutaten: Für 2 Portionen

200 g	Möhren
1	Birne
400 g	Buttermilch, (oder Kefir)
2 EL	Honig, (oder Ahornsirup)
1 TL	Ingwerpulver

Zubereitung

Geben Sie alle Zutaten, außer den Honig und das Ingwerpulver, in einem Mixer, und pürieren diese mit Honig und dem Ingwerpulver je nach Geschmack nachsüßen. Gekühlt servieren.

Apfelmonster

Zutaten. Für 4 Portionen

350 g   Apfelmus
350 ml   Apfelsaft
300 ml   Milch
          Zimtpulver

Zubereitung

Geben Sie alle Zutaten, außer das Zimtpulver in einem Mixer, und pürieren diese. Mit dem Zimtpulver je nach Geschmack nachsüßen. Gekühlt servieren.

Joghurt – Milchshake

Zutaten: Für 2 Portionen

400 ml   Milch

2 cl   Sirup, (Ananassirup)

1 Schuss Grenadine

1 Spritzer Mandelsirup

2 EL   Joghurt, (Pfirsichjoghurt) und evtl. 1 Pfirsich

Zubereitung

Alle Zutaten in einen Shaker füllen, gut durchschütteln. Fertig. Je nach Geschmack einen kleingeschnittenen Pfirsich hinzugeben.

Orangen – Buttermilch

Zutaten: Für 4 Portionen
0,5 Liter Buttermilch
0,5 Liter Orangensaft
2   Zitronen, auspresst
 n. B.   Süßstoff oder Zucker

Zubereitung
Orangensaft mit der Buttermilch verrühren, den ausgepressten Zitronensaft hinzugeben. Je nach Geschmack mit Flüssigsüßstoff oder Zucker nach süßen. Gekühlt servieren.

Ananas – Shake

Zutaten für 1 Portion

200 ml   Ananassaft
3 EL   Zitronensaft
100 ml   Milch
25 ml   Sirup (Erdbeersirup)
evtl.   Früchte, frische zum Garnieren

Zubereitung

Geben Sie alle Zutaten in einem Mixer, und pürieren diese. Fertig. Je nach Geschmack mit Zucker oder Flüssigsüßstoff nachsüßen.

Kiwi-Mix

Zutaten: Für 2 Portionen

4	Kiwi
1 Msp.	Zimtpulver
400 ml	Traubensaft, weiß
100 ml	Mineralwasser, zum aufgießen

Zubereitung

Geben Sie alle Zutaten in einem Mixer, und pürieren diese. Fertig. Je nach Geschmack mit Zucker oder Flüssigsüßstoff nachsüßen. Zum Schluß mit etwas Mineralwasser aufgießen.

Zitronella

Zutaten: Für 1 Portion
1 Kugel
Zitroneneis

1 cl	Zitronensaft
1 TL	Zucker
250 ml	Buttermilch
1	Scheibe Zitrone, für Deko

1 Zitronenschale - Spirale für Deko

Zubereitung
Geben Sie alle Zutaten in einem Mixer, und pürieren diese. Fertig. Je nach Geschmack mit Zucker oder Flüssigsüßstoff nachsüßen. Mit einer Zitronenscheibenspirale Dekorieren.

Schokoshake

Zutaten: Für 2 Portionen

100 g   Cremepulver für Mousse au chocolate

500 ml   Milch

1 EL   Zucker

50 g   Schokolade

5   Butterkekse

n. B.   Schokostreusel zum Bestreuen

Zubereitung

Geben Sie alle Zutaten in einem Mixer, und pürieren diese. Fertig. Je nach Geschmack mit Schokostreuseln Dekorieren.

Heidelbeer-Joghurt-Smoothie

Zutaten. Für 2 Portionen
300 g   Heidelbeeren
1 EL   Vanillezucker
250 g   Joghurt
100 ml Mineralwasser

Zubereitung
Geben Sie alle Zutaten in einem Mixer, und pürieren diese. Fertig.

Wassermelonen – Smoothie

Zutaten: Für 4 Portionen

600 g   Wassermelone
250 ml   Milch
250 g   Joghurt
1 EL   Puderzucker
2 Kugeln Vanilleeis

Zubereitung
Geben Sie alle Zutaten in einem Mixer, und pürieren diese. Fertig.

Avocado - Nuss – Buttermilchdrink

Zutaten: Für 4 Portionen

1	Avocado entkernt
3 EL	Mandeln gerieben
1	Zitrone ausgepresst
1 Liter	Buttermilch
n. B.	Salz oder Zucker zum Abschmecken

Zubereitung
Geben Sie alle Zutaten in einem Mixer, und pürieren diese. Fertig. Gekühlt servieren.

Mandarin - Apple – Smooothie

Zutaten: Für 2 Portionen

300 ml   Mandarinen
1   Banane
1   Apfel, geschält, entkernt, gewürfelt
250 ml   Orangensaft

Zubereitung
Geben Sie alle Zutaten in einem Mixer, und pürieren diese. Fertig. Gekühlt servieren.